Webseite: _____

Username: _____

Passwort: _____

Notizen: _____

_____

_____

Webseite: _____

Username: _____

Passwort: _____

Notizen: _____

_____

_____

Webseite: _____

Username: _____

Passwort: _____

Notizen: _____

_____

_____

Webseite: _____

Username: _____

Passwort: _____

Notizen: _____

_____

_____

Webseite: _____
Username: _____
Passwort: _____
Notizen: _____
_____
_____
_____

Webseite: _____
Username: _____
Passwort: _____
Notizen: _____
_____
_____
_____

Webseite: _____
Username: _____
Passwort: _____
Notizen: _____
_____
_____
_____

Webseite: _____
Username: _____
Passwort: _____
Notizen: _____
_____
_____
_____

Webseite: _____
Username: _____
Passwort: _____
Notizen: _____
_____
_____

Webseite: _____
Username: _____
Passwort: _____
Notizen: _____
_____
_____

Webseite: _____
Username: _____
Passwort: _____
Notizen: _____
_____
_____

Webseite: _____
Username: _____
Passwort: _____
Notizen: _____
_____
_____

Webseite: _____

Username: _____

Passwort: _____

Notizen: _____

_____

_____

Webseite: _____

Username: _____

Passwort: _____

Notizen: _____

_____

_____

Webseite: _____

Username: _____

Passwort: _____

Notizen: _____

_____

_____

Webseite: _____

Username: _____

Passwort: _____

Notizen: _____

_____

_____

Webseite: _____
Username: _____
Passwort: _____
Notizen: _____
_____
_____
_____

Webseite: _____
Username: _____
Passwort: _____
Notizen: _____
_____
_____
_____

Webseite: _____
Username: _____
Passwort: _____
Notizen: _____
_____
_____
_____

Webseite: _____
Username: _____
Passwort: _____
Notizen: _____
_____
_____
_____

Webseite: _____
Username: _____
Passwort: _____
Notizen: _____
_____
_____

Webseite: _____
Username: _____
Passwort: _____
Notizen: _____
_____
_____

Webseite: _____
Username: _____
Passwort: _____
Notizen: _____
_____
_____

Webseite: _____
Username: _____
Passwort: _____
Notizen: _____
_____
_____

Webseite: _____

Username: _____

Passwort: _____

Notizen: _____

_____

_____

Webseite: _____

Username: _____

Passwort: _____

Notizen: _____

_____

_____

Webseite: _____

Username: _____

Passwort: _____

Notizen: _____

_____

_____

Webseite: _____

Username: _____

Passwort: _____

Notizen: _____

_____

_____

Webseite: _____
Username: _____
Passwort: _____
Notizen: _____
_____
_____

Webseite: _____
Username: _____
Passwort: _____
Notizen: _____
_____
_____

Webseite: _____
Username: _____
Passwort: _____
Notizen: _____
_____
_____

Webseite: _____
Username: _____
Passwort: _____
Notizen: _____
_____
_____

Webseite: _____

Username: _____

Passwort: _____

Notizen: _____

_____

_____

_____

Webseite: _____

Username: _____

Passwort: _____

Notizen: _____

_____

_____

_____

Webseite: _____

Username: _____

Passwort: _____

Notizen: _____

_____

_____

_____

Webseite: _____

Username: _____

Passwort: _____

Notizen: _____

_____

_____

_____

Webseite: _____
Username: _____
Passwort: _____
Notizen: _____
_____
_____
_____

Webseite: _____
Username: _____
Passwort: _____
Notizen: _____
_____
_____
_____

Webseite: _____
Username: _____
Passwort: _____
Notizen: _____
_____
_____
_____

Webseite: _____
Username: _____
Passwort: _____
Notizen: _____
_____
_____
_____

Webseite: _____

Username: _____

Passwort: _____

Notizen: _____

_____

_____

Webseite: _____

Username: _____

Passwort: _____

Notizen: _____

_____

_____

Webseite: _____

Username: _____

Passwort: _____

Notizen: _____

_____

_____

Webseite: _____

Username: _____

Passwort: _____

Notizen: _____

_____

_____

Webseite: _____

Username: _____

Passwort: _____

Notizen: _____

_____

_____

_____

Webseite: _____

Username: _____

Passwort: _____

Notizen: _____

_____

_____

_____

Webseite: _____

Username: _____

Passwort: _____

Notizen: _____

_____

_____

_____

Webseite: _____

Username: _____

Passwort: _____

Notizen: _____

_____

_____

_____

Webseite: _____

Username: _____

Passwort: _____

Notizen: _____

_____

_____

Webseite: _____

Username: _____

Passwort: _____

Notizen: _____

_____

_____

Webseite: _____

Username: _____

Passwort: _____

Notizen: _____

_____

_____

Webseite: _____

Username: _____

Passwort: _____

Notizen: _____

_____

_____

Webseite: _____
Username: _____
Passwort: _____
Notizen: _____
_____
_____

Webseite: _____
Username: _____
Passwort: _____
Notizen: _____
_____
_____

Webseite: _____
Username: _____
Passwort: _____
Notizen: _____
_____
_____

Webseite: _____
Username: _____
Passwort: _____
Notizen: _____
_____
_____

Webseite: _____

Username: _____

Passwort: _____

Notizen: _____

_____

_____

Webseite: _____

Username: _____

Passwort: _____

Notizen: _____

_____

_____

Webseite: _____

Username: _____

Passwort: _____

Notizen: _____

_____

_____

Webseite: _____

Username: _____

Passwort: _____

Notizen: _____

_____

_____

Webseite: _____

Username: _____

Passwort: _____

Notizen: _____

_____

_____

Webseite: _____

Username: _____

Passwort: _____

Notizen: _____

_____

_____

Webseite: _____

Username: _____

Passwort: _____

Notizen: _____

_____

_____

Webseite: _____

Username: _____

Passwort: _____

Notizen: _____

_____

_____

Webseite: _____

Username: _____

Passwort: _____

Notizen: _____

_____

_____

Webseite: _____

Username: _____

Passwort: _____

Notizen: _____

_____

_____

Webseite: _____

Username: _____

Passwort: _____

Notizen: _____

_____

_____

Webseite: _____

Username: _____

Passwort: _____

Notizen: _____

_____

_____

Webseite: _____

Username: _____

Passwort: _____

Notizen: _____

_____

_____

_____

Webseite: _____

Username: _____

Passwort: _____

Notizen: _____

_____

_____

Webseite: _____

Username: _____

Passwort: _____

Notizen: _____

_____

_____

Webseite: _____

Username: _____

Passwort: _____

Notizen: _____

_____

_____

Webseite: _____
Username: _____
Passwort: _____
Notizen: _____
_____
_____
_____

Webseite: _____
Username: _____
Passwort: _____
Notizen: _____
_____
_____
_____

Webseite: _____
Username: _____
Passwort: _____
Notizen: _____
_____
_____
_____

Webseite: _____
Username: _____
Passwort: _____
Notizen: _____
_____
_____
_____

Webseite: _____
Username: _____
Passwort: _____
Notizen: _____
_____
_____
_____

Webseite: _____
Username: _____
Passwort: _____
Notizen: _____
_____
_____
_____

Webseite: _____
Username: _____
Passwort: _____
Notizen: _____
_____
_____
_____

Webseite: _____
Username: _____
Passwort: _____
Notizen: _____
_____
_____
_____

Webseite: _____
Username: _____
Passwort: _____
Notizen: _____
_____
_____

Webseite: _____
Username: _____
Passwort: _____
Notizen: _____
_____
_____

Webseite: _____
Username: _____
Passwort: _____
Notizen: _____
_____
_____

Webseite: _____
Username: _____
Passwort: _____
Notizen: _____
_____
_____

Webseite: _____

Username: _____

Passwort: _____

Notizen: _____

_____

_____

_____

Webseite: _____

Username: _____

Passwort: _____

Notizen: _____

_____

_____

_____

Webseite: _____

Username: _____

Passwort: _____

Notizen: _____

_____

_____

_____

Webseite: _____

Username: _____

Passwort: _____

Notizen: _____

_____

_____

Webseite: _____
Username: _____
Passwort: _____
Notizen: _____
_____
_____
_____

Webseite: _____
Username: _____
Passwort: _____
Notizen: _____
_____
_____
_____

Webseite: _____
Username: _____
Passwort: _____
Notizen: _____
_____
_____
_____

Webseite: _____
Username: _____
Passwort: _____
Notizen: _____
_____
_____
_____

Webseite: _____
Username: _____
Passwort: _____
Notizen: _____
_____
_____

Webseite: _____
Username: _____
Passwort: _____
Notizen: _____
_____
_____

Webseite: _____
Username: _____
Passwort: _____
Notizen: _____
_____
_____

Webseite: _____
Username: _____
Passwort: _____
Notizen: _____
_____
_____

Webseite: _____

Username: _____

Passwort: _____

Notizen: _____

_____

_____

_____

Webseite: _____

Username: _____

Passwort: _____

Notizen: _____

_____

_____

_____

Webseite: _____

Username: _____

Passwort: _____

Notizen: _____

_____

_____

_____

Webseite: _____

Username: _____

Passwort: _____

Notizen: _____

_____

_____

_____

Webseite: _____

Username: _____

Passwort: _____

Notizen: _____

_____

_____

_____

Webseite: _____

Username: _____

Passwort: _____

Notizen: _____

_____

_____

_____

Webseite: _____

Username: _____

Passwort: _____

Notizen: _____

_____

_____

_____

Webseite: _____

Username: _____

Passwort: _____

Notizen: _____

_____

_____

Webseite: _____
Username: _____
Passwort: _____
Notizen: _____
_____
_____
_____

Webseite: _____
Username: _____
Passwort: _____
Notizen: _____
_____
_____
_____

Webseite: _____
Username: _____
Passwort: _____
Notizen: _____
_____
_____
_____

Webseite: _____
Username: _____
Passwort: _____
Notizen: _____
_____
_____
_____

Webseite: _____

Username: _____

Passwort: _____

Notizen: _____

_____

_____

Webseite: _____

Username: _____

Passwort: _____

Notizen: _____

_____

_____

Webseite: _____

Username: _____

Passwort: _____

Notizen: _____

_____

_____

Webseite: _____

Username: _____

Passwort: _____

Notizen: _____

_____

_____

Webseite: _____

Username: _____

Passwort: _____

Notizen: _____

_____

_____

_____

Webseite: _____

Username: _____

Passwort: _____

Notizen: _____

_____

_____

_____

Webseite: _____

Username: _____

Passwort: _____

Notizen: _____

_____

_____

_____

Webseite: _____

Username: _____

Passwort: _____

Notizen: _____

_____

_____

Webseite: _____
Username: _____
Passwort: _____
Notizen: _____
_____
_____

Webseite: _____
Username: _____
Passwort: _____
Notizen: _____
_____
_____

Webseite: _____
Username: _____
Passwort: _____
Notizen: _____
_____
_____

Webseite: _____
Username: _____
Passwort: _____
Notizen: _____
_____
_____

Webseite: _____
Username: _____
Passwort: _____
Notizen: _____
_____
_____

Webseite: _____
Username: _____
Passwort: _____
Notizen: _____
_____
_____

Webseite: _____
Username: _____
Passwort: _____
Notizen: _____
_____
_____

Webseite: _____
Username: _____
Passwort: _____
Notizen: _____
_____
_____

Webseite: _____
Username: _____
Passwort: _____
Notizen: _____
_____
_____
_____

Webseite: _____
Username: _____
Passwort: _____
Notizen: _____
_____
_____
_____

Webseite: _____
Username: _____
Passwort: _____
Notizen: _____
_____
_____
_____

Webseite: _____
Username: _____
Passwort: _____
Notizen: _____
_____
_____

Webseite: _____
Username: _____
Passwort: _____
Notizen: _____
_____
_____

Webseite: _____
Username: _____
Passwort: _____
Notizen: _____
_____
_____

Webseite: _____
Username: _____
Passwort: _____
Notizen: _____
_____
_____

Webseite: _____
Username: _____
Passwort: _____
Notizen: _____
_____
_____

Webseite: _____
Username: _____
Passwort: _____
Notizen: _____
_____
_____

Webseite: _____
Username: _____
Passwort: _____
Notizen: _____
_____
_____

Webseite: _____
Username: _____
Passwort: _____
Notizen: _____
_____
_____

Webseite: _____
Username: _____
Passwort: _____
Notizen: _____
_____
_____

Webseite: _____
Username: _____
Passwort: _____
Notizen: _____
_____
_____

Webseite: _____
Username: _____
Passwort: _____
Notizen: _____
_____
_____

Webseite: _____
Username: _____
Passwort: _____
Notizen: _____
_____
_____

Webseite: _____
Username: _____
Passwort: _____
Notizen: _____
_____
_____

Webseite: _____

Username: _____

Passwort: _____

Notizen: _____

_____

_____

Webseite: _____

Username: _____

Passwort: _____

Notizen: _____

_____

_____

Webseite: _____

Username: _____

Passwort: _____

Notizen: _____

_____

_____

Webseite: _____

Username: _____

Passwort: _____

Notizen: _____

_____

_____

Webseite: _____

Username: _____

Passwort: _____

Notizen: _____

_____

_____

Webseite: _____

Username: _____

Passwort: _____

Notizen: _____

_____

_____

Webseite: _____

Username: _____

Passwort: _____

Notizen: _____

_____

_____

Webseite: _____

Username: _____

Passwort: _____

Notizen: _____

_____

_____

Webseite: _____

Username: _____

Passwort: _____

Notizen: _____

_____

_____

_____

Webseite: _____

Username: _____

Passwort: _____

Notizen: _____

_____

_____

_____

Webseite: _____

Username: _____

Passwort: _____

Notizen: _____

_____

_____

_____

Webseite: _____

Username: _____

Passwort: _____

Notizen: _____

_____

_____

Webseite: _____

Username: _____

Passwort: _____

Notizen: _____

_____

_____

_____

Webseite: _____

Username: _____

Passwort: _____

Notizen: _____

_____

_____

_____

Webseite: _____

Username: _____

Passwort: _____

Notizen: _____

_____

_____

_____

Webseite: _____

Username: _____

Passwort: _____

Notizen: _____

_____

_____

_____

Webseite: _____
Username: _____
Passwort: _____
Notizen: _____
_____
_____

Webseite: _____
Username: _____
Passwort: _____
Notizen: _____
_____
_____

Webseite: _____
Username: _____
Passwort: _____
Notizen: _____
_____
_____

Webseite: _____
Username: _____
Passwort: _____
Notizen: _____
_____
_____

Webseite: _____
Username: _____
Passwort: _____
Notizen: _____
_____
_____
_____

Webseite: _____
Username: _____
Passwort: _____
Notizen: _____
_____
_____
_____

Webseite: _____
Username: _____
Passwort: _____
Notizen: _____
_____
_____
_____

Webseite: _____
Username: _____
Passwort: _____
Notizen: _____
_____
_____
_____

Webseite: _____

Username: _____

Passwort: _____

Notizen: _____

_____

_____

_____

Webseite: _____

Username: _____

Passwort: _____

Notizen: _____

_____

_____

_____

Webseite: _____

Username: _____

Passwort: _____

Notizen: _____

_____

_____

_____

Webseite: _____

Username: _____

Passwort: _____

Notizen: _____

_____

_____

_____

Webseite: _____

Username: _____

Passwort: _____

Notizen: _____

_____

_____

_____

Webseite: _____

Username: _____

Passwort: _____

Notizen: _____

_____

_____

_____

Webseite: _____

Username: _____

Passwort: _____

Notizen: _____

_____

_____

_____

Webseite: _____

Username: _____

Passwort: _____

Notizen: _____

_____

_____

_____

Webseite: _____
Username: _____
Passwort: _____
Notizen: _____
_____
_____

Webseite: _____
Username: _____
Passwort: _____
Notizen: _____
_____
_____

Webseite: _____
Username: _____
Passwort: _____
Notizen: _____
_____
_____

Webseite: _____
Username: _____
Passwort: _____
Notizen: _____
_____
_____

Webseite: _____

Username: _____

Passwort: _____

Notizen: _____

_____

_____

_____

Webseite: _____

Username: _____

Passwort: _____

Notizen: _____

_____

_____

_____

Webseite: _____

Username: _____

Passwort: _____

Notizen: _____

_____

_____

_____

Webseite: _____

Username: _____

Passwort: _____

Notizen: _____

_____

_____

_____

Webseite: _____
Username: _____
Passwort: _____
Notizen: _____
_____
_____
_____

Webseite: _____
Username: _____
Passwort: _____
Notizen: _____
_____
_____
_____

Webseite: _____
Username: _____
Passwort: _____
Notizen: _____
_____
_____
_____

Webseite: _____
Username: _____
Passwort: _____
Notizen: _____
_____
_____
_____

Webseite: _____

Username: _____

Passwort: _____

Notizen: _____

_____

_____

_____

Webseite: _____

Username: _____

Passwort: _____

Notizen: _____

_____

_____

_____

Webseite: _____

Username: _____

Passwort: _____

Notizen: _____

_____

_____

_____

Webseite: _____

Username: _____

Passwort: _____

Notizen: _____

_____

_____

_____

Webseite: _____

Username: _____

Passwort: _____

Notizen: _____

_____

_____

Webseite: _____

Username: _____

Passwort: _____

Notizen: _____

_____

_____

Webseite: _____

Username: _____

Passwort: _____

Notizen: _____

_____

_____

Webseite: _____

Username: _____

Passwort: _____

Notizen: _____

_____

_____

Webseite: _____
Username: _____
Passwort: _____
Notizen: _____
_____
_____

Webseite: _____
Username: _____
Passwort: _____
Notizen: _____
_____
_____

Webseite: _____
Username: _____
Passwort: _____
Notizen: _____
_____
_____

Webseite: _____
Username: _____
Passwort: _____
Notizen: _____
_____
_____

Webseite: _____
Username: _____
Passwort: _____
Notizen: _____
_____
_____
_____

Webseite: _____
Username: _____
Passwort: _____
Notizen: _____
_____
_____
_____

Webseite: _____
Username: _____
Passwort: _____
Notizen: _____
_____
_____
_____

Webseite: _____
Username: _____
Passwort: _____
Notizen: _____
_____
_____
_____

Webseite: _____

Username: _____

Passwort: _____

Notizen: _____

_____

_____

_____

Webseite: _____

Username: _____

Passwort: _____

Notizen: _____

_____

_____

_____

Webseite: _____

Username: _____

Passwort: _____

Notizen: _____

_____

_____

_____

Webseite: _____

Username: _____

Passwort: _____

Notizen: _____

_____

_____

_____

Webseite: _____

Username: _____

Passwort: _____

Notizen: _____

_____

_____

_____

Webseite: _____

Username: _____

Passwort: _____

Notizen: _____

_____

_____

_____

Webseite: _____

Username: _____

Passwort: _____

Notizen: _____

_____

_____

_____

Webseite: _____

Username: _____

Passwort: _____

Notizen: _____

_____

_____

_____

Webseite: _____

Username: _____

Passwort: _____

Notizen: _____

_____

_____

Webseite: _____

Username: _____

Passwort: _____

Notizen: _____

_____

_____

Webseite: _____

Username: _____

Passwort: _____

Notizen: _____

_____

_____

Webseite: _____

Username: _____

Passwort: _____

Notizen: _____

_____

_____

Webseite: _____

Username: _____

Passwort: _____

Notizen: _____

_____

_____

Webseite: _____

Username: _____

Passwort: _____

Notizen: _____

_____

_____

Webseite: _____

Username: _____

Passwort: _____

Notizen: _____

_____

_____

Webseite: _____

Username: _____

Passwort: _____

Notizen: _____

_____

_____

Webseite: _____

Username: _____

Passwort: _____

Notizen: _____

_____

_____

Webseite: _____

Username: _____

Passwort: _____

Notizen: _____

_____

_____

Webseite: _____

Username: _____

Passwort: _____

Notizen: _____

_____

_____

Webseite: _____

Username: _____

Passwort: _____

Notizen: _____

_____

_____

Webseite: _____
Username: _____
Passwort: _____
Notizen: _____
_____
_____
_____

Webseite: _____
Username: _____
Passwort: _____
Notizen: _____
_____
_____
_____

Webseite: _____
Username: _____
Passwort: _____
Notizen: _____
_____
_____
_____

Webseite: _____
Username: _____
Passwort: _____
Notizen: _____
_____
_____
_____

Webseite: _____

Username: _____

Passwort: _____

Notizen: _____

_____

_____

_____

Webseite: _____

Username: _____

Passwort: _____

Notizen: _____

_____

_____

_____

Webseite: _____

Username: _____

Passwort: _____

Notizen: _____

_____

_____

_____

Webseite: _____

Username: _____

Passwort: _____

Notizen: _____

_____

_____

_____

Webseite: _____

Username: _____

Passwort: _____

Notizen: _____

_____

_____

_____

Webseite: _____

Username: _____

Passwort: _____

Notizen: _____

_____

_____

_____

Webseite: _____

Username: _____

Passwort: _____

Notizen: _____

_____

_____

_____

Webseite: _____

Username: _____

Passwort: _____

Notizen: _____

_____

_____

Webseite: _____

Username: _____

Passwort: _____

Notizen: _____

_____

_____

Webseite: _____

Username: _____

Passwort: _____

Notizen: _____

_____

_____

Webseite: _____

Username: _____

Passwort: _____

Notizen: _____

_____

_____

Webseite: _____

Username: _____

Passwort: _____

Notizen: _____

_____

_____

Webseite: _____
Username: _____
Passwort: _____
Notizen: _____
_____
_____
_____

Webseite: _____
Username: _____
Passwort: _____
Notizen: _____
_____
_____
_____

Webseite: _____
Username: _____
Passwort: _____
Notizen: _____
_____
_____
_____

Webseite: _____
Username: _____
Passwort: _____
Notizen: _____
_____
_____
_____

Webseite: _____

Username: _____

Passwort: _____

Notizen: _____

_____

_____

Webseite: _____

Username: _____

Passwort: _____

Notizen: _____

_____

_____

Webseite: _____

Username: _____

Passwort: _____

Notizen: _____

_____

_____

Webseite: _____

Username: _____

Passwort: _____

Notizen: _____

_____

_____

Webseite: _____
Username: _____
Passwort: _____
Notizen: _____
_____
_____
_____

Webseite: _____
Username: _____
Passwort: _____
Notizen: _____
_____
_____
_____

Webseite: _____
Username: _____
Passwort: _____
Notizen: _____
_____
_____
_____

Webseite: _____
Username: _____
Passwort: _____
Notizen: _____
_____
_____

Webseite: _____

Username: _____

Passwort: _____

Notizen: _____

_____

_____

Webseite: _____

Username: _____

Passwort: _____

Notizen: _____

_____

_____

Webseite: _____

Username: _____

Passwort: _____

Notizen: _____

_____

_____

Webseite: _____

Username: _____

Passwort: _____

Notizen: _____

_____

_____

Webseite: _____

Username: _____

Passwort: _____

Notizen: _____

_____

_____

Webseite: _____

Username: _____

Passwort: _____

Notizen: _____

_____

_____

Webseite: _____

Username: _____

Passwort: _____

Notizen: _____

_____

_____

Webseite: _____

Username: _____

Passwort: _____

Notizen: _____

_____

_____

Webseite: _____
Username: _____
Passwort: _____
Notizen: _____
_____
_____
_____

Webseite: _____
Username: _____
Passwort: _____
Notizen: _____
_____
_____
_____

Webseite: _____
Username: _____
Passwort: _____
Notizen: _____
_____
_____
_____

Webseite: _____
Username: _____
Passwort: _____
Notizen: _____
_____
_____
_____

Webseite: _____
Username: _____
Passwort: _____
Notizen: _____
_____
_____

Webseite: _____
Username: _____
Passwort: _____
Notizen: _____
_____
_____

Webseite: _____
Username: _____
Passwort: _____
Notizen: _____
_____
_____

Webseite: _____
Username: _____
Passwort: _____
Notizen: _____
_____
_____

Webseite: _____
Username: _____
Passwort: _____
Notizen: _____
_____
_____
_____

Webseite: _____
Username: _____
Passwort: _____
Notizen: _____
_____
_____
_____

Webseite: _____
Username: _____
Passwort: _____
Notizen: _____
_____
_____
_____

Webseite: _____
Username: _____
Passwort: _____
Notizen: _____
_____
_____
_____

Webseite: _____
Username: _____
Passwort: _____
Notizen: _____
_____
_____
_____

Webseite: _____
Username: _____
Passwort: _____
Notizen: _____
_____
_____
_____

Webseite: _____
Username: _____
Passwort: _____
Notizen: _____
_____
_____
_____

Webseite: _____
Username: _____
Passwort: _____
Notizen: _____
_____
_____
_____

Webseite: _____
Username: _____
Passwort: _____
Notizen: _____
_____
_____
_____

Webseite: _____
Username: _____
Passwort: _____
Notizen: _____
_____
_____
_____

Webseite: _____
Username: _____
Passwort: _____
Notizen: _____
_____
_____
_____

Webseite: _____
Username: _____
Passwort: _____
Notizen: _____
_____
_____
_____

Webseite: _____

Username: _____

Passwort: _____

Notizen: _____

_____

_____

_____

Webseite: _____

Username: _____

Passwort: _____

Notizen: _____

_____

_____

_____

Webseite: _____

Username: _____

Passwort: _____

Notizen: _____

_____

_____

_____

Webseite: _____

Username: _____

Passwort: _____

Notizen: _____

_____

_____

_____

Webseite: _____

Username: _____

Passwort: _____

Notizen: _____

_____

_____

_____

Webseite: _____

Username: _____

Passwort: _____

Notizen: _____

_____

_____

_____

Webseite: _____

Username: _____

Passwort: _____

Notizen: _____

_____

_____

_____

Webseite: _____

Username: _____

Passwort: _____

Notizen: _____

_____

_____

_____

Webseite: _____
Username: _____
Passwort: _____
Notizen: _____
_____
_____
_____

Webseite: _____
Username: _____
Passwort: _____
Notizen: _____
_____
_____
_____

Webseite: _____
Username: _____
Passwort: _____
Notizen: _____
_____
_____
_____

Webseite: _____
Username: _____
Passwort: _____
Notizen: _____
_____
_____
_____

Webseite: _____
Username: _____
Passwort: _____
Notizen: _____
_____
_____
_____

Webseite: _____
Username: _____
Passwort: _____
Notizen: _____
_____
_____
_____

Webseite: _____
Username: _____
Passwort: _____
Notizen: _____
_____
_____
_____

Webseite: _____
Username: _____
Passwort: _____
Notizen: _____
_____
_____
_____

Webseite: _____

Username: _____

Passwort: _____

Notizen: _____

_____

_____

_____

Webseite: _____

Username: _____

Passwort: _____

Notizen: _____

_____

_____

_____

Webseite: _____

Username: _____

Passwort: _____

Notizen: _____

_____

_____

_____

Webseite: _____

Username: _____

Passwort: _____

Notizen: _____

_____

_____

Webseite: _____

Username: _____

Passwort: _____

Notizen: _____

_____

_____

_____

Webseite: _____

Username: _____

Passwort: _____

Notizen: _____

_____

_____

_____

Webseite: _____

Username: _____

Passwort: _____

Notizen: _____

_____

_____

_____

Webseite: _____

Username: _____

Passwort: _____

Notizen: _____

_____

_____

_____

Webseite: _____
Username: _____
Passwort: _____
Notizen: _____
_____
_____
_____

Webseite: _____
Username: _____
Passwort: _____
Notizen: _____
_____
_____
_____

Webseite: _____
Username: _____
Passwort: _____
Notizen: _____
_____
_____
_____

Webseite: _____
Username: _____
Passwort: _____
Notizen: _____
_____
_____

Webseite: _____
Username: _____
Passwort: _____
Notizen: _____
_____
_____

Webseite: _____
Username: _____
Passwort: _____
Notizen: _____
_____
_____

Webseite: _____
Username: _____
Passwort: _____
Notizen: _____
_____
_____

Webseite: _____
Username: _____
Passwort: _____
Notizen: _____
_____
_____

Webseite: _____
Username: _____
Passwort: _____
Notizen: _____
_____
_____

Webseite: _____
Username: _____
Passwort: _____
Notizen: _____
_____
_____

Webseite: _____
Username: _____
Passwort: _____
Notizen: _____
_____
_____

Webseite: _____
Username: _____
Passwort: _____
Notizen: _____
_____
_____

Webseite: _____

Username: _____

Passwort: _____

Notizen: _____

_____

_____

Webseite: _____

Username: _____

Passwort: _____

Notizen: _____

_____

_____

Webseite: _____

Username: _____

Passwort: _____

Notizen: _____

_____

_____

Webseite: _____

Username: _____

Passwort: _____

Notizen: _____

_____

_____

Webseite: _____
Username: _____
Passwort: _____
Notizen: _____
_____
_____

Webseite: _____
Username: _____
Passwort: _____
Notizen: _____
_____
_____

Webseite: _____
Username: _____
Passwort: _____
Notizen: _____
_____
_____

Webseite: _____
Username: _____
Passwort: _____
Notizen: _____
_____
_____

Webseite: _____
Username: _____
Passwort: _____
Notizen: _____
_____
_____

Webseite: _____
Username: _____
Passwort: _____
Notizen: _____
_____
_____

Webseite: _____
Username: _____
Passwort: _____
Notizen: _____
_____
_____

Webseite: _____
Username: _____
Passwort: _____
Notizen: _____
_____
_____

Webseite: _____
Username: _____
Passwort: _____
Notizen: _____
_____
_____

Webseite: _____
Username: _____
Passwort: _____
Notizen: _____
_____
_____

Webseite: _____
Username: _____
Passwort: _____
Notizen: _____
_____
_____

Webseite: _____
Username: _____
Passwort: _____
Notizen: _____
_____
_____

Webseite: _____

Username: _____

Passwort: _____

Notizen: _____

_____

_____

Webseite: _____

Username: _____

Passwort: _____

Notizen: _____

_____

_____

Webseite: _____

Username: _____

Passwort: _____

Notizen: _____

_____

_____

Webseite: _____

Username: _____

Passwort: _____

Notizen: _____

_____

_____

Webseite: _____

Username: _____

Passwort: _____

Notizen: _____

_____

_____

Webseite: _____

Username: _____

Passwort: _____

Notizen: _____

_____

_____

Webseite: _____

Username: _____

Passwort: _____

Notizen: _____

_____

_____

Webseite: _____

Username: _____

Passwort: _____

Notizen: _____

_____

_____

Webseite: _____

Username: _____

Passwort: _____

Notizen: _____

_____

_____

Webseite: _____

Username: _____

Passwort: _____

Notizen: _____

_____

_____

Webseite: _____

Username: _____

Passwort: _____

Notizen: _____

_____

_____

Webseite: _____

Username: _____

Passwort: _____

Notizen: _____

_____

_____

Webseite: _____

Username: _____

Passwort: _____

Notizen: _____

_____

_____

Webseite: _____

Username: _____

Passwort: _____

Notizen: _____

_____

_____

Webseite: _____

Username: _____

Passwort: _____

Notizen: _____

_____

_____

Webseite: _____

Username: _____

Passwort: _____

Notizen: _____

_____

_____

Webseite: _____
Username: _____
Passwort: _____
Notizen: _____
_____
_____

Webseite: _____
Username: _____
Passwort: _____
Notizen: _____
_____
_____

Webseite: _____
Username: _____
Passwort: _____
Notizen: _____
_____
_____

Webseite: _____
Username: _____
Passwort: _____
Notizen: _____
_____
_____

Webseite: _____
Username: _____
Passwort: _____
Notizen: _____
_____
_____

Webseite: _____
Username: _____
Passwort: _____
Notizen: _____
_____
_____

Webseite: _____
Username: _____
Passwort: _____
Notizen: _____
_____
_____

Webseite: _____
Username: _____
Passwort: _____
Notizen: _____
_____
_____

Webseite: _____
Username: _____
Passwort: _____
Notizen: _____
_____
_____

Webseite: _____
Username: _____
Passwort: _____
Notizen: _____
_____
_____

Webseite: _____
Username: _____
Passwort: _____
Notizen: _____
_____
_____

Webseite: _____
Username: _____
Passwort: _____
Notizen: _____
_____
_____

Webseite: _____
Username: _____
Passwort: _____
Notizen: _____
_____
_____
_____

Webseite: _____
Username: _____
Passwort: _____
Notizen: _____
_____
_____
_____

Webseite: _____
Username: _____
Passwort: _____
Notizen: _____
_____
_____
_____

Webseite: _____
Username: _____
Passwort: _____
Notizen: _____
_____
_____

Webseite: _____

Username: _____

Passwort: _____

Notizen: _____

_____

_____

Webseite: _____

Username: _____

Passwort: _____

Notizen: _____

_____

_____

Webseite: _____

Username: _____

Passwort: _____

Notizen: _____

_____

_____

Webseite: _____

Username: _____

Passwort: _____

Notizen: _____

_____

_____

Webseite: _____
Username: _____
Passwort: _____
Notizen: _____
_____
_____

Webseite: _____
Username: _____
Passwort: _____
Notizen: _____
_____
_____

Webseite: _____
Username: _____
Passwort: _____
Notizen: _____
_____
_____

Webseite: _____
Username: _____
Passwort: _____
Notizen: _____
_____
_____

Webseite: _____
Username: _____
Passwort: _____
Notizen: _____
_____
_____

Webseite: _____
Username: _____
Passwort: _____
Notizen: _____
_____
_____

Webseite: _____
Username: _____
Passwort: _____
Notizen: _____
_____
_____

Webseite: _____
Username: _____
Passwort: _____
Notizen: _____
_____
_____

Webseite: _____

Username: _____

Passwort: _____

Notizen: _____

_____

_____

Webseite: _____

Username: _____

Passwort: _____

Notizen: _____

_____

_____

Webseite: _____

Username: _____

Passwort: _____

Notizen: _____

_____

_____

Webseite: _____

Username: _____

Passwort: _____

Notizen: _____

_____

_____

Webseite: _____

Username: _____

Passwort: _____

Notizen: _____

_____

_____

Webseite: _____

Username: _____

Passwort: _____

Notizen: _____

_____

_____

Webseite: _____

Username: _____

Passwort: _____

Notizen: _____

_____

_____

Webseite: _____

Username: _____

Passwort: _____

Notizen: _____

_____

_____

Webseite: _____
Username: _____
Passwort: _____
Notizen: _____
_____
_____

Webseite: _____
Username: _____
Passwort: _____
Notizen: _____
_____
_____

Webseite: _____
Username: _____
Passwort: _____
Notizen: _____
_____
_____

Webseite: _____
Username: _____
Passwort: _____
Notizen: _____
_____
_____

Webseite: _____
Username: _____
Passwort: _____
Notizen: _____
_____
_____
_____

Webseite: _____
Username: _____
Passwort: _____
Notizen: _____
_____
_____
_____

Webseite: _____
Username: _____
Passwort: _____
Notizen: _____
_____
_____
_____

Webseite: _____
Username: _____
Passwort: _____
Notizen: _____
_____
_____
_____

Webseite: _____
Username: _____
Passwort: _____
Notizen: _____
_____
_____
_____

Webseite: _____
Username: _____
Passwort: _____
Notizen: _____
_____
_____
_____

Webseite: _____
Username: _____
Passwort: _____
Notizen: _____
_____
_____
_____

Webseite: _____
Username: _____
Passwort: _____
Notizen: _____
_____
_____

Webseite: _____

Username: _____

Passwort: _____

Notizen: _____

_____

_____

Webseite: _____

Username: _____

Passwort: _____

Notizen: _____

_____

_____

Webseite: _____

Username: _____

Passwort: _____

Notizen: _____

_____

_____

Webseite: _____

Username: _____

Passwort: _____

Notizen: _____

_____

_____

Webseite: _____
Username: _____
Passwort: _____
Notizen: _____
_____
_____
_____

Webseite: _____
Username: _____
Passwort: _____
Notizen: _____
_____
_____
_____

Webseite: _____
Username: _____
Passwort: _____
Notizen: _____
_____
_____
_____

Webseite: _____
Username: _____
Passwort: _____
Notizen: _____
_____
_____
_____

Webseite: _____
Username: _____
Passwort: _____
Notizen: _____
_____
_____
_____

Webseite: _____
Username: _____
Passwort: _____
Notizen: _____
_____
_____
_____

Webseite: _____
Username: _____
Passwort: _____
Notizen: _____
_____
_____
_____

Webseite: _____
Username: _____
Passwort: _____
Notizen: _____
_____
_____
_____

Webseite: _____
Username: _____
Passwort: _____
Notizen: _____
_____
_____
_____

Webseite: _____
Username: _____
Passwort: _____
Notizen: _____
_____
_____
_____

Webseite: _____
Username: _____
Passwort: _____
Notizen: _____
_____
_____
_____

Webseite: _____
Username: _____
Passwort: _____
Notizen: _____
_____
_____

Webseite: _____

Username: _____

Passwort: _____

Notizen: _____

_____

_____

Webseite: _____

Username: _____

Passwort: _____

Notizen: _____

_____

_____

Webseite: _____

Username: _____

Passwort: _____

Notizen: _____

_____

_____

Webseite: _____

Username: _____

Passwort: _____

Notizen: _____

_____

_____

Webseite: _____

Username: _____

Passwort: _____

Notizen: _____

_____

_____

_____

Webseite: _____

Username: _____

Passwort: _____

Notizen: _____

_____

_____

_____

Webseite: _____

Username: _____

Passwort: _____

Notizen: _____

_____

_____

_____

Webseite: _____

Username: _____

Passwort: _____

Notizen: _____

_____

_____

Webseite: _____

Username: _____

Passwort: _____

Notizen: _____

_____

_____

_____

Webseite: _____

Username: _____

Passwort: _____

Notizen: _____

_____

_____

_____

Webseite: _____

Username: _____

Passwort: _____

Notizen: _____

_____

_____

_____

Webseite: _____

Username: _____

Passwort: _____

Notizen: _____

_____

_____

_____

Webseite: _____

Username: _____

Passwort: _____

Notizen: _____

_____

_____

Webseite: _____

Username: _____

Passwort: _____

Notizen: _____

_____

_____

Webseite: _____

Username: _____

Passwort: _____

Notizen: _____

_____

_____

Webseite: _____

Username: _____

Passwort: _____

Notizen: _____

_____

_____

Webseite: _____
Username: _____
Passwort: _____
Notizen: _____
_____
_____
_____

Webseite: _____
Username: _____
Passwort: _____
Notizen: _____
_____
_____
_____

Webseite: _____
Username: _____
Passwort: _____
Notizen: _____
_____
_____
_____

Webseite: _____
Username: _____
Passwort: _____
Notizen: _____
_____
_____
_____

Webseite: _____
Username: _____
Passwort: _____
Notizen: _____
_____
_____
_____

Webseite: _____
Username: _____
Passwort: _____
Notizen: _____
_____
_____
_____

Webseite: _____
Username: _____
Passwort: _____
Notizen: _____
_____
_____
_____

Webseite: _____
Username: _____
Passwort: _____
Notizen: _____
_____
_____
_____

Webseite: _____

Username: _____

Passwort: _____

Notizen: _____

_____

_____

Webseite: _____

Username: _____

Passwort: _____

Notizen: _____

_____

_____

Webseite: _____

Username: _____

Passwort: _____

Notizen: _____

_____

_____

Webseite: _____

Username: _____

Passwort: _____

Notizen: _____

_____

_____

Webseite: _____
Username: _____
Passwort: _____
Notizen: _____
_____
_____
_____

Webseite: _____
Username: _____
Passwort: _____
Notizen: _____
_____
_____
_____

Webseite: _____
Username: _____
Passwort: _____
Notizen: _____
_____
_____
_____

Webseite: _____
Username: _____
Passwort: _____
Notizen: _____
_____
_____

Webseite: _____

Username: _____

Passwort: _____

Notizen: _____

_____

_____

_____

Webseite: _____

Username: _____

Passwort: _____

Notizen: _____

_____

_____

_____

Webseite: _____

Username: _____

Passwort: _____

Notizen: _____

_____

_____

_____

Webseite: _____

Username: _____

Passwort: _____

Notizen: _____

_____

_____

_____

Webseite: _____
Username: _____
Passwort: _____
Notizen: _____
_____
_____

Webseite: _____
Username: _____
Passwort: _____
Notizen: _____
_____
_____

Webseite: _____
Username: _____
Passwort: _____
Notizen: _____
_____
_____

Webseite: _____
Username: _____
Passwort: _____
Notizen: _____
_____
_____

Webseite: _____

Username: _____

Passwort: _____

Notizen: _____

_____

_____

Webseite: _____

Username: _____

Passwort: _____

Notizen: _____

_____

_____

Webseite: _____

Username: _____

Passwort: _____

Notizen: _____

_____

_____

Webseite: _____

Username: _____

Passwort: _____

Notizen: _____

_____

_____

Webseite: _____

Username: _____

Passwort: _____

Notizen: _____

_____

_____

_____

Webseite: _____

Username: _____

Passwort: _____

Notizen: _____

_____

_____

_____

Webseite: _____

Username: _____

Passwort: _____

Notizen: _____

_____

_____

_____

Webseite: _____

Username: _____

Passwort: _____

Notizen: _____

_____

_____

_____

Webseite: _____

Username: _____

Passwort: _____

Notizen: _____

_____

_____

_____

Webseite: _____

Username: _____

Passwort: _____

Notizen: _____

_____

_____

_____

Webseite: _____

Username: _____

Passwort: _____

Notizen: _____

_____

_____

_____

Webseite: _____

Username: _____

Passwort: _____

Notizen: _____

_____

_____

_____

Webseite: _____
Username: _____
Passwort: _____
Notizen: _____
_____
_____

Webseite: _____
Username: _____
Passwort: _____
Notizen: _____
_____
_____

Webseite: _____
Username: _____
Passwort: _____
Notizen: _____
_____
_____

Webseite: _____
Username: _____
Passwort: _____
Notizen: _____
_____
_____

Webseite: _____
Username: _____
Passwort: _____
Notizen: _____
_____
_____
_____

Webseite: _____
Username: _____
Passwort: _____
Notizen: _____
_____
_____
_____

Webseite: _____
Username: _____
Passwort: _____
Notizen: _____
_____
_____
_____

Webseite: _____
Username: _____
Passwort: _____
Notizen: _____
_____
_____
_____

Webseite: _____
Username: _____
Passwort: _____
Notizen: _____
_____
_____

Webseite: _____
Username: _____
Passwort: _____
Notizen: _____
_____
_____

Webseite: _____
Username: _____
Passwort: _____
Notizen: _____
_____
_____

Webseite: _____
Username: _____
Passwort: _____
Notizen: _____
_____
_____

Webseite: _____

Username: _____

Passwort: _____

Notizen: _____

_____

_____

Webseite: _____

Username: _____

Passwort: _____

Notizen: _____

_____

_____

Webseite: _____

Username: _____

Passwort: _____

Notizen: _____

_____

_____

Webseite: _____

Username: _____

Passwort: _____

Notizen: _____

_____

_____

Webseite: _____
Username: _____
Passwort: _____
Notizen: _____
_____
_____
_____

Webseite: _____
Username: _____
Passwort: _____
Notizen: _____
_____
_____
_____

Webseite: _____
Username: _____
Passwort: _____
Notizen: _____
_____
_____
_____

Webseite: _____
Username: _____
Passwort: _____
Notizen: _____
_____
_____
_____

Webseite: _____

Username: _____

Passwort: _____

Notizen: _____

_____

_____

Webseite: _____

Username: _____

Passwort: _____

Notizen: _____

_____

_____

Webseite: _____

Username: _____

Passwort: _____

Notizen: _____

_____

_____

Webseite: _____

Username: _____

Passwort: _____

Notizen: _____

_____

_____